# BEI GRIN MACHT SICH IHR WISSEN BEZAHLT

- Wir veröffentlichen Ihre Hausarbeit,
  Bachelor- und Masterarbeit

- Ihr eigenes eBook und Buch -
  weltweit in allen wichtigen Shops

- Verdienen Sie an jedem Verkauf

## Jetzt bei www.GRIN.com hochladen und kostenlos publizieren

**Bibliografische Information der Deutschen Nationalbibliothek:**

Die Deutsche Bibliothek verzeichnet diese Publikation in der Deutschen National-bibliografie; detaillierte bibliografische Daten sind im Internet über http://dnb.d-nb.de/ abrufbar.

**Impressum:**

Copyright © 2017 GRIN Verlag
Druck und Bindung: Books on Demand GmbH, Norderstedt Germany
ISBN: 9783346169662

**Dieses Buch bei GRIN:**

https://www.grin.com/document/583980

Karl Spannenberger

# Die Eurokrise im Zeichen der Krisendiagnose von Brian Milestein

## Was lässt sich aus den Beobachtungen schließen?

GRIN Verlag

**GRIN - Your knowledge has value**

Der GRIN Verlag publiziert seit 1998 wissenschaftliche Arbeiten von Studenten, Hochschullehrern und anderen Akademikern als eBook und gedrucktes Buch. Die Verlagswebsite www.grin.com ist die ideale Plattform zur Veröffentlichung von Hausarbeiten, Abschlussarbeiten, wissenschaftlichen Aufsätzen, Dissertationen und Fachbüchern.

# Die Eurokrise im Zeichen der Krisendiagnose von Brian Milestein

## Was lässt sich aus den Beobachtungen schließen?

## ABKÜRZUNGSVERZEICHNIS

| EFSF | - | Europäische Finanzstabilisierungsfazilität |
|------|---|---------------------------------------------|
| EFSM | - | Europäischer Finanstabilisierungsmechanismus |
| ESM | - | Europäischer Stabilitätsmechanismus |
| EZB | - | Europäische Zentralbank |
| OMT | - | Outright Monetary Transactions |

## DIE EUROKRISE: SO NAH UND DOCH SO FERN

Hat es doch lange zu Beginn gebraucht, bis die Bürger Europas verstanden hatten, welche Dimension die Krise, welche nach ihrem Heimatkontinent benannt ist, mit sich bringt, so intensiver sind die europaweiten Reaktion. Eurokrise wird der Dauerzustand genannt, welcher seit 2009 als Status Quo der Europäischen Union angesehen wird. Folge sind und waren Massenarbeitslosigkeit, hohe Staatsschulden und ein instabiles Wirtschaftssystem. Beinahe monatlich musste die Europäische Union, gemeinsam mit der Europäischen Zentralbank und dem Internationalen Währungsfonds an Lösungen zum Bekämpfen der Krise arbeiten. Aber nicht nur die strukturellen Probleme selbst, sondern auch die unterschiedlichen Ansichten der einzelnen Eurostaaten gehörte zu den Schwierigkeiten der Krise. Gut acht Jahre nach Ausbruch der Krise sind zwar die akuten Symptome eingedämmt, und doch kann noch lange nicht von einer Beendigung der Krise gesprochen werden.

## DAS KONZEPT EINER KRISE NACH BRIAN MILESTEIN

In diesem Kapitel wird das Konzept einer Krise nach Brian Milestein vorgestellt. Seiner Arbeit „Thinking politically about crisis: A pragmatisch perspective" lässt sich dabei inhaltlich grob in drei Teilbereiche gliedern. Im ersten Abschnitt spricht er vor allem über seine Vorstellung und Definition von einer Krise. Er nennt Grundvorraussetzungen, welche für ihn allgemein gelten müssen. Im zweiten Teil geht er genauer auf die Merkmale einer Krise als solches ein. Er entwickelt 4 Merkmale anhand derer eine Krise zu untersuchen und einzuschätzen ist. Neben der Beschaffenheit, dem Objekt selbst, der Krisenbewältigung steht für ihn auch die Gemeinschaft derer, welche gegen die Krise arbeiten im Vordergrund. Im dritten Teil mach Milestein Annahmen darüber, welche Folgen Krisen haben können. Hierbei bezieht er sich vor allem mögliche Schlussfolgerungen, die nach der Untersuchung einer Krise gezogen werden können.

Sein Konzept selbst bezeichnet Milestein als ein fundamentales, welches traditionelle Unterschiede zwischen objektiven Phänomenen und normativer Erfahrung zeigt.[1] Den Unterbau für sein Konzept macht Milestein mit seiner allgemeinen Definition einer Krise:

> „A crisis is, indeed, an event, with real effects and real causality, lending itself to empirical analysis; at the same time, the status of an event as a crisis is immanently and inextricably bound up with a variety of normative presuppositions and expectations."[2]

Eine Krise fasst Brian Milestein als Event, wessen Effekte eine empirische Analyse der Ereignisse nach Sicht zieht. Zudem schreibt er der Krise negative normative Erwartungen zu. Als wichtigen Punkt seiner Definition nennt er zudem eine Dringlichkeit, welche falls sie nicht behandelt wird zu etwas Katastrophalem führt.[3]

Nimmt man diese Voraussetzungen als Unterbau, so lassen sich im folgenden vier von Milestein aufgestellte Merkmale nennen. Sein Konnte beginnt er zunächst mit der Behauptung, eine Krise müsste immer „off something" sein. Keine Krise würde „simply…'off itself'"[4] existieren. Eine Krise sei etwas öffentliches, von einem Mitglied der

---

[1] Milstein, Brian. "Thinking Politically about Crisis: A Pragmatist Perspective." *European Journal of Political Theory* 14, S. 141.

[2] edb, S. 146.

[3] Vgl. edb, S. 146.

[4] edb, S. 147.

Gesellschaft zum Anderen. Ein durch ihn benannter „Speaker" deklariert etwas zu einer Krise, daraufhin müssen die Adressaten diese Aussage anerkennen.[5]

Als zweites Merkmal sieht Mitsein das Objekt selbst. Es müsse ein Objekt geben, welches durch die Gemeinschaft erkannt werden kann; dabei handele es sich um ein sozial konstruierte Objekt wie den Staat, die Wirtschaft oder die Umwelt.[6]

Drittens sieht der Autor als weiteres wichtiges Merkmal einen Erfolg der Kritik in einer zufriedenstellenden Lösung der Krise. Dabei ist nicht nur entscheidend, dass „causes have been discovered", also die Gründe für die Krise aufgedeckt wurden, sondern auch, dass sie, „retified to satisfactory degree", auf einen zufriedenstellenden Grad zurückgestellt wurden.[7]

Letztens sieht Milestein auch in der Krisen-Gemeinschaft einen wichtigen Faktor. Zu dieser „Community" zählt Milestein alle diejenigen, welche die Krise erkennen und gegen diese arbeiten. Er beschreibt diese Gemeinschaft als sich selbst generierende, selbst selektierende Gemeinschaft.[8]

Im letzten Schritt stellt Milestein einige interpretatorische Ansätze auf. Unter anderem bezieht er sich auf Habermas und die Themen dessen Literatur zur Legitimations-Krise und stellt die Frage, wie Krisen durch einen Spill-Over Effekt in andere Bereiche übertreten können. Des Weiteren macht er die Annahme, dass Krisen soziale Bindungen stärken könnten. Hinzu käme, dass die Beantwortung von Krisen mit den Strukturen, die bereits vor der Krise existent waren, zusammenhängen würde. Abschließend stellt er zudem die These auf, dass Krisen permanent vorhanden sind, jedoch erst durch normative Erfahrung erkannt würden.[9]

Diese Arbeit nutzt im Folgenden die von Milestein erdachte Theorie in drei Schritten. Im ersten Schritt werden die von Milestein gemachten Grundvoraussetzungen als notwendige Bedingungen für die zu untersuchende Krise angesehen. Im zweiten Schritt wird die Krise auf die vier von Milestein genannten Ausprägungen untersucht. Im letzten Schritt wird überprüft, ob Schlussfolgerungen auf die von Milestein gemachten Thesen gezogen werden.

Um diese Schritte im Folgenden behandeln zu können, wird im nächsten Kapitel die Eurokrise in Grundzügen nachgestellt und in einem kurzen Abriß wiedergegeben.

---

[5] Vgl. edb, S. 148.

[6] Vgl. edb, S. 149.

[7] edb, S. 150.

[8] Vgl. edb, S. 151.

[9] Vgl. edb, S. 155.

# DIE CHRONOLOGIE DER EUROKRISE

Nachdem im vergangenen Kapitel die Instrumente gewählt wurden, anhand derer diese Arbeit ihre Untersuchung durchführen wird, soll das kommende Kapitel einen kurzen Abriss der Geschehnisse der Eurokrise, sowie eine zeitliche Eingrenzung liefern. Zunächst einmal werden in der Fachliteratur als Eurokrise gemein hin die Geschehnisse seit 2010 und die Versuche Staatsschulden und -Defizite der EU-Mitgliedsstaaten in den Griff zu bekommen.[10]

Als erste Maßnahme auf die steigenden Staatsschulden in Europa lassen sich die Einrichtung des EFSF und des EFSM bezeichnen. Ziel beider war es den Euro zu stabilisieren und Spekulationen auf die Zahlungsunfähigkeit von Ländern zu stoppen. Ein auf drei Jahre angelegter Rettungsschirm mit einem maximalem Umfang von ca. 750 Milliarden Euro sollte dies bewältigen.[11] Rechtliche Grundlage dieser Entscheidung ist Artikel 122 des Lissabonner Vertrages, welcher "aufgrund von außergewöhnlichen Ereignissen, die sich der Kontrolle des Staates entziehen" Hilfen durch die Europäische Union erlaubt.[12] Bei einem EU-Gipfel vom 24. und 25. März 2011 konnten sich die Mitgliedsstaaten auf einen Nachfolger für den EFSM, den ESM einigen. Dieser wurde dauerhaft auf 500 Milliarden festgesetzt. Zudem wurde der EFSF auf 780 Milliarden aufgestockt.

Am 8. und 9. Dezember 2011 stellten die Euro-Staaten in Brüssel die Weichen für eine Fiskalunion. Vorgelegt wird ein Vertrag, der unter anderem die EU-Länder dazu zwingt, eine Schuldenbremse in Ihre Verfassung einzubauen.[13]

Ein weiterer Schritt in Richtung Fiskalunion gelingt der EU am 28. und 29. Juni 2012. Durch eine Einigung der EU Staaten soll die EZB bis Ende 2012 die zentrale Bankenaufsicht erhalten. Ende Juli 2012 wird ein neues Sparprogramm durch die Troika, bestehend aus Europäischer Kommission, EZB und IWF, für das von Staatsschulden bedrohte Griechenland auf den Weg gebracht. Die EZB kündigt im August 2012 daraufhin an, Staatsanleihen im für

---

[10] Vgl., Landeszentrale für poltische Bildung Baden Württemberg. (2017). Euro-Krise - Chronologie der Euro-Krise. *Deutschland & Europa.*

[11] Vgl., edb.

[12] Das Europäische Parlament. *Vertrag von Lissabon.* [Online]. Available at: http://www.europarl.europa.eu/germany/de/die-eu-und-ihre-stimme/vertrag-von-lissabon.

[13] Vgl., Landeszentrale für poltische Bildung Baden Württemberg. (2017). Euro-Krise - Chronologie der Euro-Krise. *Deutschland & Europa.*

sie als nötig erachteten Umfang zu kaufen.[14] Ab September 2012 beginnt die EZB mit dem unbegrenzten Ankauf von Staatsanleihen von Krisenländern. Dieses Programm wird als OMT, Outright Money Transactions, bezeichnet. Am 8. Oktober 2012 tritt der dauerhafte Stabilitätsmechanismus der Europäischen Union ESM in Kraft.[15]

2013 einigen sich die EURO-Länder endgültig auf die gemeinsame Bankenaufsicht unter Leitung der EZB. Die EZB verhängt ein erstes Rekordtief des Leitzins von 0,25 und erhofft sich so die Wirtschaft im Euroraum wieder ankurbeln zu können. Bereits ein Jahr später sinkt der Leitzins auf 0,15%, seit 2016 verhängt die EZB einen „Nullzins".

Auch 2015 kauft die EZB Staatsanleihen, dieses Mal im Wert von 100 Milliarden Euro. Gleichzeitig steigt in Europa die Angst vor einer neuen Finanzkrise, da die in Griechenland neu gewählte Regierung sich nicht mehr den Sparzwängen der Troika ausliefern möchte.[16]

Auch wenn vereinzelte Stimmen von einer Beendigung sprechen, gilt für viele bis heute die Eurokrise als Nicht-Überwunden. Auch dieser Faktor wird im kommenden Kapitel eine Rolle spielen.

Im nächsten Abschnitt wird anhand der von Milestein aufgestellten Merkmale einer Krise zunächst die Existenz der Eurokrise nach Milestein untersucht. Im darauf folgenden werden die 4 Merkmale einer Krise nach Milestein auf die Eurokrise angewandt. Abschließend werden die erlangten Ergebnisse mit den Hypothesen nach Milestein überprüft.

---

[14] Bundesfinanzministerium. Chronologie der Stabilisierung der Wirtschafts- und Währungsunion. *Bundesministerium der Finanzen.* [Online]. Available at: http://www.bundesfinanzministerium.de/Content/DE/ Standardartikel/Themen/Europa/Stabilisierung_des_Euro/2010-06-04-chronologie-euro-stabilisierung.html.

[15] Vgl., Landeszentrale für poltische Bildung Baden Württemberg. (2017). Euro-Krise - Chronologie der Euro-Krise. *Deutschland & Europa.*

[16] Vgl., edb.

## DIE EUROKRISE NACH MILESTEIN

In diesem Kapitel wird die Eurokrise anhand des Konzepts einer von Brian Milestein beleuchtet. Zunächst gilt es festzustellen, ob die Eurokrise mit der Definition von Brian Mitsein vereinbar ist. Als ersten Ansatz wählte dieser dazu eine Definition einer Krise. Zwei Bestandteile dieser Definition sind dabei ausschlaggebend. Zum einen spricht er von einem echten, spürbaren Effekt, zum anderen spricht er von einer echten Kausalität.

Ersteres lässt sich recht gut durch verschiedene Tatsachen belegen. Zum einen kann schon die Ausgangssituation als spürbarer Effekt gewertet werden. Alle Euromitglieder hatten zwischen Herbst 2008 und Ende des Jahres 2009 ein negatives Wirtschaftswachstum.[17] Grund hierfür waren die Probleme der Finanzmärkte, welche sich allmählich auf die Wirtschaft der EU auswirkten. Einen messbaren Effekt der Krise liefern beispielsweise Zahlen aus dem Arbeitsmarkt dieser Zeit. In Griechenland sank die Beschäftigungsquote von Beginn des Jahres 2008 bis zum Ende des Jahres 2013 auf unter 50%. In Spanien verminderte sich die Rate von 65% auf 55% und in Portugal sank der Anteil Erwerbstätiger ebenfalls um ca. 10% von 70% auf 60%. Aber nicht nur in Südeuropa, sondern auch in Irland und anderen EU-Ländern sei der Effekt spürbar gewesen.[18]

Dass in diesem Fall auch das zweite Kriterium von Meilensteins Definition erfüllt ist, die Kausalität, wird durch die Verbundenheit der globalen Finanzmärkte gezeigt. An vielen Stellen in der Fachliteratur wird genau diese Vernetzung als Hauptrund für die Eurokrise angegeben. Hintergrund sei, dass im Finanzkapitalismus alles über Geld zusammenwirke und der individuelle Nutzen zum wichtigsten Anreizsystem der Kooperation geworden sei.[19] Setzt man diesen Gedanken fort, so entwickelt sich aus von der Krise geschwächten Finanzmärkten eine neue Krise der Kooperation und damit der Eurostaaten untereinander.

Ein weiteres Beispiel, an dem die Kausalität der Krise zu beobachten ist, ist Griechenland. Der wegen der Defizite der Finanzkrise ständig zunehmende Schuldenstand habe 2009 einen Umfang erhalten, welcher knapp 130 Prozent des Bruttoinlandsprodukts entsprochen habe.[20] Nachdem die Rating-Agentur Fitch die Kreditwürdigkeit Griechenlands

---

[17] Vgl., Preunkert, J. and Vobruba, G. (2015). *Krise und Integration*, S. 9.

[18] Vgl., edb, S. 9.

[19] Vgl., Reifner, 2017, S. 91

[20] Vgl., Illing, 2017, S. 56.

im Dezember 2009 herabstufte, verkündete Griechenlands Ministerpräsident Papandreaou die drohende Insolvenz. Diese Insolvenz sei ein Problem für die gesamte Eurozone gewesen.[21]

Diese drohende Insolvenz und die damit verbundenen Folgen bezeichnen die Dringlichkeit, welche Milestein ebenfalls als notwendiges Kriterium für eine Krise aufstellt.

## Merkmale der Eurokrise nach Milestein

Betrachtet man nun Meilensteins erstes Merkmal so muss zunächst festgestellt werden, ob es eine „Community" und einen Speaker gibt, wie er es nennt. Als ersten großen Speaker kann man die Regierungen der einzelnen EU-Staaten sehen.

*„Since 2010 not a month has gone by without the government of one EU member state or another announcing that it is about to embark on major reform of its welfare legislation, its social protection system, its labour law or the regulations governing collective bargaining"[22]*

Doch nicht nur die einzelnen Regierungen der EU-Staaten, sondern auch der IWF, die EZB und die führenden Politiker der EU können als Speaker angesehen werden. So zum Beispiel Manuel Draghi, seit 2011 Präsident der EZB. In der Literatur wird vor allem seiner Maßnahme der Niedrigzinspolitik ab Sommer 2012 ein entscheidender Einfluss auf den Verlauf der Krise nachgesagt.[23] Noch wichtiger, so sei seine Garantieerklärung für die Schuldenpapiere der Euro-Länder gewesen. Diese habe den Wendepunkt in der Euro-Krise gebracht.[24] Der Speaker, wie ihn Milestein nennt, wechselte also immer wieder Zwischen den verschiedenen Akteuren. Community war vor allem die Gemeinschaft der EU-Staaten, welche gemeinsam den Kampf gegen die Krise vorantrieben.

Eben diese Community stellt ein zweites wichtiges Merkmal für Milestein dar. Entscheidend für den Verlauf der Krise seien auch die Entscheidungen der europäischen Regierungen und Parlamente, die europäische Kommission, die EZB und der IWF gewesen. Damit können diese Akteure als Community im Sinne Meilensteins bezeichnet werden. Einen weiteren wichtigen Bereich der Community stellten die als PIIGS Staaten bezeichneten Länder. Gemeint sind damit Portugal, Italien, Irland, Griechenland und Spanien. Dies seien

---

[21] Vgl. edb, S. 91.

[22] Degryse *et al.*, 2013, S.5.

[23] Marelli and Signorelli, 2017, S. 114.

[24] Preunkert and Vobruba, 2015.

die Staaten gewesen, welche am stärksten Probleme mit ihrem Staatsschulden während der Krisen zu kämpfen gehabt haben sollen.[25]

Wichtigste ebenfalls für Milestein, dass die Krise nicht aus sich selbst heraus ist, sondern „off something". Bei all den Teilbereichen und Entwicklungen gibt es wenige Aussagen in der Fachliteratur die über die Art der Krise übereinstimmen. Einen gemeinsamen Kern sehen allerdings Viele. So sei die die Schuldenproblematik der EU-Länder zwar ein Element der Krise, so sei sie doch nicht die Ursache. Die Staatsschulden würden nur die ursächlich strukturellen Probleme der EU und der Eurozone zeigen.[26]

Ein weiteres Element und ein Merkmal Meilensteins, ein erkennbares Objekt, sei in diesem Fall die schwächelnde Wirtschaft innerhalb der EU. So hätten nur die drei stärksten Volkswirtschaften der EU, Deutschland, Frankreich und Großbritannien, 2015 höhere Exportraten als in den „Vorkrisenjahren" besessen.[27] Die Krise hatte also vor allem einen starken Effekt auf die Wirtschaft. Diese Schwäche erweiterte sich daraufhin auf den Arbeitsmarkt. So seien in allen europäischen Ländern vor allem auch die Arbeitslosenzahlen gestiegen. Als drastische Fälle werden Griechenland und Spanien genannt. In beiden Ländern hätten die Raten dauerhaft über 20% betragen.[28] Am schlimmsten soll diese Entwicklung die Langzeitarbeitslosen getroffen haben. Diese hätten vor allem in den Krisenzeiten nahezu keine Chance auf eine Beschäftigung gehabt.[29]

Die Arbeitslosigkeit als Symtom, so bleibt jedoch vor allem die Wirtschaft als ausgemachtes Objekt der Schwäche. Begründet seien diese Probleme der Staaten mit ihren „budgetär verlängerten Haushalten… sowie den unterschiedlich wettbewerbsfähigen Volks-wirtschaften".[30] Im Korsett der gemeinsamen Währung seien sowohl die Staaten als auch die Volkswirtschaften auf Probleme getroffen, welche erst mit der Währungsunion entstanden seien. Diese Eurokrise sei daher eine Strukturkrise, weil die damalige Architektur der den Anforderungen einer Gemeinschaftswährung nicht gewachsen gewesen seien.[31]

---

[25] Marelli and Signorelli, 2017, S. 92f.

[26] Illing, 2017, S. 2.

[27] Marelli and Signorelli, 2017, S. 96

[28] Edb., S. 104.

[29] Edb.

[30] Illing, 2017, S. 2.

[31] Edb.

Darüber hinaus, um auf das letzte Merkmal Meilensteins zu kommen, wie mit der Krise umgegangen wird und ob sich ein positiver Effekt auf die Symptome der Krise feststellen lässt, hat auch der Fall Griechenland eine große Auswirkung auf die Krisenpolitik der EU. So habe die EU nicht direkt 2009 regiert, als Griechenlands Misere offenkundig wurde. Viel zu spät habe die EU realisiert, welche Probleme ihr durch Griechenland bevorstehen könnten. Erst danach habe man begonnen die Risiken für die EU zu verstehen.[32] Grund hierfür sei gewesen, dass die EU Partner lange Zeit versucht hätten Griechenland gar nicht erst als Problem zu sehen. Zu dem Zeitpunkt, als die griechische Politik längst verstanden hatte, dass europaweite Lösungen nötig wären, habe dies die EU noch verneint.[33]

Kern des Merkmals von Milestein sind ebenfalls die Typen der Antworten auf die Krise. Diese könnten kurz zusammengefasst werden, indem man von Notverkäufen bei Banken, neuen politischen Maßnahmen im Wirtschaftsbereich und unkonventionelle Methoden, fiskalem Stimulus und Reformen des internationalen Finanzsystems spreche.[34] Auffällig dabei ist, dass sich die Akteure bewusst scheinen an einem strukturellen Problem arbeiten zu müssen. Daher können die Maßnahmen als eine Mischung von strukturellen und kurzfristigen Maßnahmen beschrieben werden.

Trotz aller Maßnahmen spricht die Fachliteratur oft davon, dass vor allem zu spät gehandelt wurde. So seien fast alle Maßnahmen der EU zu spät oder in falschem Umfang getroffen wurden. Erst die Veränderung der Geldpolitik Europas durch die EZB habe einige Verbesserungen ergeben.[35]

## Eurokrise als Paradebeispiel für Spillover

Abschließend gilt es einige der durch Brian Milestein hervorgebrachten Thesen auf die Eurokrise zu beziehen und zu untersuchen. Zunächst war eine der Thesen Milesteins, dass Krisen oftmals mit einem Spillover einhergehen, welcher dafür sorgt, dass die Krise auswich verändert und auf andere Gebiete übergreift. Von diesem Spillover spricht wird an mehreren Stellen in der Literatur gesprochen. So habe die „Analyse der verschiedenen Krisenherde verdeutlicht, dass die Eurokrise keine feste Gestalt oder Statik besitzt(e). Im Gegenteil: Sie manifestier…(e) sich amorph… (und) Sie unterlieg…(e) ständiger Veränderung,…nehme

[32] Marelli and Signorelli, 2017, S. 92.

[33] Triandafyllidou *et al.*, 2013, S. 26.

[34] Marelli and Signorelli, 2017, S. 88.

[35] Edb.,S. 115.

damit Einfluss auf die Staaten, ihre Wirtschaft und das Finanzsystem."[36] Dass die Eurokrise in ihrer Komplexität Spillover-Effekte mit sich bringt, wird auch an andere Stelle unterstützt. So sei die Eurokrise bei Weitem „nicht nur eine Krise des Finanzsektors. Die Wiederherstellung von Gläubigerverantwortung und Schuldnerdisziplin verursach…(e) hohe soziale Kosten in Form von Einkommensverlusten, Arbeitslo- sigkeit, gescheiterten Berufseinstiegen und Verarmung in Folge von Kürzungen von Sozialtransfers."[37] Eine der Thesen Milesteins lässt sich also an der Eurokrise sehr gut beobachten, der Spillover. Eine weitere war, dass die Beantwortung der der Krise mit den Strukturen in der Situation vor der Krise zusammenhänge. Ein Indiz hierfür ist, dass Europa 2010 zunächst mit den strukturellen Problemen zu kämpfen gehabt habe, bevor es sich an die Lösung der wirtschaftlichen Probleme begeben konnte. Griechenland sei daher aus den Zwängen der europäischen Struktur heraus, nicht in der läge gewesen sich selbst zu helfen.[38] Erst eine Veränderung der Märkte habe dann die entscheidenden Impulse gegeben. Vorher habe eine „Überreaktion" der Märkte stattgefunden, welche sich auf die vorherigen Strukturen zurückschließen lässt.[39]

Hinzu kommt die These, dass Krisen soziale Bindungen stärken. Hierzu muss zunächst noch einmal darauf verwiesen werden, dass im Allgemeinen viele Experten nicht davon ausgehen, dass die Eurokrise als beendet betrachtet werden kann. Daher ist es auch schwierig die These Milestein zu untersuchen, da dieser von einer Zunahme der sozialen Bindung nach erfolgreicher Beendigung einer Krise spricht. Würde man vom Status Quo in der EU ausgehen, so müsste man vom Gegenteil ausgehen. So eine „Kluft (entstanden), welche zwischen den Völkern aufriss … (und) … jener Diskrepanz (folge), welche bereits die Regierungen in ökonomische Lager teilte. Spiegelbildlich zu den konkurrierenden wirtschaftspolitischen Strategien der Länder prägten sich bei den Bürgern Klischees und Vorurteile gegen die europäischen Nachbarn aus. Den Machtkämpfen auf gouvernementaler Ebene folgten Verstimmungen der Staatsangehörigen. Die Trennlinie zog sich entlang der Geber- und der Nehmerländer".[40] Die Krise habe bisher also eher den gegenteiligen Effekt bewirkt und soziale Zusammenschlüsse behindert. Ein großes Problem dabei sei auch Deutschland gewesen. Das Auftreten habe die anderen Staaten an einen Lehrmeister erinnert

[36] Illing, 2017, S. 2

[37] Preunkert and Vobruba, 2015

[38] Marelli and Signorelli, 2017, S. 114.

[39] Edd., S. 92.

[40] Illing, 2017, S. 203.

und für nachhaltige Verstimmungen im EU-Ausland gesorgt.[41] Neben dieser Lehrmeister Funktion sei aber das eigentliche Problem in der Einteilung von Geber- und Nehmerländern gelegen. Diese Einteilung habe einen Zwang zu Hilfspaketen nach sich gezogen, von welchem beide Seiten nicht profitierten.[42]

Tragischer Beigeschmack dieser Entwicklung sei eine Beschädigung des Mythos Europäische Union als ganzes. So habe die Krise vor allem dafür gesorgt, dass die Zeiten des Enthusiasmus und der Integration vorbei seien.[43]

---

[41] Edb., S. 203.

[42] Edb., S. 204.

[43] Triandafyllidou *et al.*, 2013, S. 25.

## DIE AKZEPTIERTE DAUERKRISE

Seit nunmehr acht Jahren befindet sich die Europäische Union im andauernden Krisenzustand. Nicht wenige haben mittlerweile begonnen zu hinterfragen, ob der als Krise bezeichnete Zustand nicht vielleicht um den Normalzustand handelt. Die durch die Struktur der Union ausgelösten Probleme, die Trägheit mit der die EU und ihre Partner auf die Krise reagierten und die Hilflosigkeit die Krise abzustellen lassen dies vermuten.

Geht man nach den Merkmalen von Brian Milestein besitzt die Krise alle relevanten Anzeichen für eine Krise. Und mehr noch, so verändern sich diese Anzeichen ständig und sorgen so für einen permanenten Spillover in andere Bereiche. Nachdem die EU immer noch dabei ist ihre strukturell bedingten Probleme zu lösen, scheint eine endgültige Beendigung der Krise in weite Ferne gerückt.

# QUELLEN

Arestis, P. and Sawyer, M. (eds.). (2012). The Euro Crisis. London: Palgrave Macmillan UK. [Online]. Available at: doi: 10.1057/9780230393547 [Accessed: 11 August 2017].

Bildung, B. für politische. (n.d.). Die Eurokrise - worum geht es eigentlich? bpb.

Bundesfinanzministerium. (n.d.). Chronologie der Stabilisierung der Wirtschafts- und Währungsunion. Bundesministerium der Finanzen. [Online]. Available at: http://www.bundesfinanzministerium.de/Content/DE/Standardartikel/Themen/Europa/Stabilisierung_des_Euro/2010-06-04-chronologie-euro-stabilisierung.html [Accessed: 10 August 2017].

Das Europäische Parlament. (n.d.). Vertrag von Lissabon. [Online]. Available at: http://www.europarl.europa.eu/germany/de/die-eu-und-ihre-stimme/vertrag-von-lissabon [Accessed: 10 August 2017].

Degryse, C., Jepsen, M. and Pochet, P. (2013). The Euro crisis and its impact on national and European social policies. Working Paper 2013.05 european trade union institute.

Fichera, M., Hänninen, S. and Tuori, K. (eds.). (2014). Polity and crisis: reflections on the European odyssey. Edinburgh/Glasgow law and society series. Farnham, Surrey, England ; Burlington, VT, USA: Ashgate.

Illing, F. (2013). Chronologie der Finanzkrise seit 2007. In: Deutschland in der Finanzkrise, Wiesbaden: Springer Fachmedien Wiesbaden, p.143–153. [Online]. Available at: doi:10.1007/978-3-531-19825-5_2 [Accessed: 10 August 2017].

Illing, F. (2017). Die Eurokrise. Wiesbaden: Springer Fachmedien Wiesbaden. [Online]. Available at: doi: 10.1007/978-3-658-09541-3 [Accessed: 10 August 2017].

Landeszentrale für poltische Bildung Baden Württemberg. (2017). Euro-Krise - Chronologie der Euro-Krise. Deutschland & Europa.

Marelli, E. and Signorelli, M. (2017). Europe and the Euro. Cham: Springer International Publishing. [Online]. Available at: doi: 10.1007/978-3-319-45729-1 [Accessed: 11 August 2017].

Milstein, B. (2015). Thinking politically about crisis: A pragmatist perspective. European Journal of Political Theory, 14 (2), p. 141–160. [Online]. Available at: doi:10.1177/1474885114546138.

Preunkert, J. and Vobruba, G. (eds.). (2015). Krise und Integration. Wiesbaden: Springer Fachmedien Wiesbaden. [Online]. Available at: doi:10.1007/978-3-658-09231-3 [Accessed: 10 August 2017].

Reifner, U. (2017). Ablauf der Krise. In: Die Finanzkrise, Wiesbaden: Springer Fachmedien Wiesbaden, p.15–67. [Online]. Available at: doi:10.1007/978-3-658-16410-2_2 [Accessed: 10 August 2017].

Triandafyllidou, A., Gropas, R. and Kouki, H. (eds.). (2013). The Greek Crisis and European Modernity. London: Palgrave Macmillan UK. [Online]. Available at: doi:10.1057/9781137276254 [Accessed: 11 August 2017].

# BEI GRIN MACHT SICH IHR WISSEN BEZAHLT

- Wir veröffentlichen Ihre Hausarbeit, Bachelor- und Masterarbeit

- Ihr eigenes eBook und Buch - weltweit in allen wichtigen Shops

- Verdienen Sie an jedem Verkauf

## Jetzt bei www.GRIN.com hochladen und kostenlos publizieren